채운재 시선 69

백 상 봉 第2民調詩集

마음은 콩밭(Couplet minjosi)

도서출판 채운재

마음은 콩밭(Couplet minjosi)

백 상 봉 第2民調詩集

머리글

내 마음의 콩밭은 어디일까?

나무에 앉은 비둘기의 마음, 풀밭에 가 있는 황소의 마음.

염불보다 잿밥, 이 모두 한 곳에 집중을 하지 않고 다른 생각을 한다는 부정적 의미가 담겨 있다

그러나 여기서 콩밭이란 일의 목표이고, 사랑하는 연인이며 풀어야할 과제이고, 자기가 성장 발전할 수 있는 기회이기도 하다. 인간이 살아가는 가식없는 본성의 욕구와 고뇌의 원천이 되기도 한다. 콩밭을 잘 가꾸어 명예와 부를 이룬 사람이 있는가 하면, 마음속에만 넣어 두어 그리움의 대상이 되기도 한다.

사람들은 누구나 다 자기의 콩밭을 가지고 있다.

내가 태어나 자라온 고향의 산과 바다, 그 속에서 같이 울고 웃었던 부모 형제, 친구, 열정은 쏟으며 일했던 직장과 그 속에서 뒹굴던 동료들이며, 취미생활과 희로애락을 풀었던 술집조차도 콩밭일 수가 있겠다. 그러나 나의 최고의 콩밭은 치열한 생존경쟁의 장에서 해가 저물면 찾아드는 곳, 모든 허물을 감싸 안는 곳, 무한한 여유와 편안함이 있는 가정이며 가족이다.

우리네 조상들은 새봄이 오면 대문의 양쪽에 입춘 방으로 立春大吉 建陽多慶과 같은 좋은 글귀를 써 붙여 봄을 맞이했다. 두 개가 하나 되고 하나가 둘인 대련의 시구에 못지않은 우리 민조시를 연으로 지어 주고받는 대련 민조시라 선문선답 시다.

중국의 5언絕句나 일본 하이쿠는 역사가 길지만, 우리의 민조시는 그렇지 못해 아는 이가 드물어서 아쉬움이 많다. 해마다 길어지는 시의 형태는 수필에 가까워 산문과 운문과의 경계가 없어져 이해가 어려워졌다. 새롭게 퍼져가는 극시의 물결이 널리 번져서 짧아도 촌철살인 의미가 깊은 민조시가 국민의 시로서 하늘에 펄럭이는 태극기 같이 가슴에 남기를 바라는 마음으로 틈틈이 쓴 졸작을 모아 책으로 엮는다.

책을 만드는데 도움을 주신 여러분들에게 감사한 마음으로 예를 표하는 것으로 빗진 마음을 내려놓는다.

2015년 섣달 그믐녘
백 상 봉 삼가.

목 차

머리글 _4

제 1 부
마음은 콩밭으로 간다.

내가 사는 법 _13
물빛 흐린 _14
꿈 깨어 보니 _15
사람 팔자 _16
돌탑 _17
깨달음 _18
마음은 콩밭 _19
혼얼 _20
업(業 karma) _21
도돌이표 _22
오래된 버릇 _23
몽돌밭 _24
구름씨 _25
영혼의 무게 _26
게 구멍 작전 _27
물건리 바다 _28
인간의 마음 _29
돌고 도는 길 _30
죽비(竹篦) _31
마음공부 _32
조주무자(趙州無字) _33
풍령(風鈴) _34
참선(參禪) _35
두타행(頭陀行) _36
연꽃자리 _37
아침 예불 _38
초파일 연등 _39
오동잎 법문 _40
조화(造花) _41
매미허물 _42
속 딱지 _43
다시래기 _44
누구 말이 맞지 _45
멍텅구리 _46
때와 시간 _47
독립문 앞에서 _48
장마당 풍경 _49
이별없는 세대 _50

제 2 부

내리사랑 치사랑

아내 _53

노부부(老夫婦) _54

노모(老母) _55

내복 같은 사람 _56

부모와 자식 _57

꿍꿍이속 _58

마음속 부모 _59

백수 되기 _60

속마음 _61

연인이란? _62

노총각 _63

사랑꽃 _64

치매(癡呆) _65

인생꽃 _66

바람둥이 _67

미련둥이 _68

낭랑 18세 _69

어미로 사는 것 _70

효도계약서 _71

암시랑토 않다 _72

결혼하는 날 _73

손편지 _74

늙은이 내숭 _75

양로원 _76

제삿날 1 _77

제삿날 2 _78

꿈속에 가는 곳 _79

노안과 치매 _80

늙은이 한 해 _81

산다는 것 _82

추억속 어매 _83

말로 하면 _84

나 어렸을 적에 _85

주름살 _86

사랑의 느낌 _87

전어 굽는 날 _88

좌우명 _89

곰에서 쫑(犬)으로 _90

목 차

제 3 부
곶 됴코 여름 하ᄂᆞ니

끝물고추 _93
가을밤 _94
갈대와 여인 _95
초승달 _96
호박꽃 팔자 _97
이팝나무 아래 _98
모과와 파라시 _99
구절초 고향 _100
담쟁이덩굴 _101
배꼽시계 _102
진달래꽃 _103
노을이 지면 _104
풀죽은 갈대 _105
여우비 _106
옹이 _107
봄잠 _108
봄 기다림 _109
심술 바람 _110
이른 봄 _111
생각하는 꽃 _112
계절의 시점 _113
꽃나비 _114
산골짜기 봄 _115
단풍잎 줍기 _116
봄밤 _117
늦은 가을 _118
9월 호수 _119
가을 문턱 _120
피아골 가을 _121
단풍의 일생 _122
억새 바다 _123
별밤하늘 _124
남해의 저녁 _125
바람손길 _126
자드락 숲길 _127
안양천 _128
백두대간 _129
철밥통 _130

제 4 부
내히 이러 바ᄅᆞ래 가ᄂᆞ니

무근 동네 _133
개울 건너기 _134
고추밭 _135
김치 만두 _136
고향 지킴이 _137
두고 온 고향집 _138
금음마을 _139
김장하는 날 _140
마을 앞개울 _141
둥저리 _142
멍멍이와 꼬끼오 _143
묵은 골목 _144
눈치 9단 _145
백중(伯仲)사리 _146
보리밭 길 _147
보릿고개 1 _148
보릿고개 2 _149
산골 마을 _150
섬마을 _151
섬마을 친구 _152
시골집 _153
옛날 맛 _154
우체통 실종신고 _155
외갓길 _156
초례청 _157
생이별 _158
탕약(湯藥) _159
풍선 싸움 _160
홍탁집 _161
주말 근무 _162
잠 _163
새 보살 _164
장다리밭 _165
손자와 할미 _166
오계(烏鷄) _167
땡초 _168
배메기 _169
달나라 _170

태극기와 민조시 _173
〈작품해설〉 文武兼全 安貧樂道의 隱逸處士 / 金進中 _182

제 1 부

마음은 콩밭으로 간다.

내가 사는 법
꿈 깨어 보니
돌탑
마음은 콩밭
업(業 karma)
오래된 버릇
구름씨
게 구멍 작전
인간의 마음
죽비(竹篦)
조주무자(趙州無字)
참선(參禪)
연꽃자리
초파일 연등
조화(造花)
속 딱지
누구 말이 맞지
때와 시간
장마당 풍경
물빛 흐린
사람 팔자
깨달음
혼얼
도돌이표
몽돌밭
영혼의 무게
물건리 바다
돌고 도는 길
마음공부
풍령(風鈴)
두타행(頭陀行)
아침 예불
오동잎 법문
매미허물
다시래기
멍텅구리
독립문 앞에서
이별없는 세대

내가 사는 법

한 바탕
웃고 나면
눈물이 난다,
세상이
내꺼다.

한 바탕
울고 나면
웃음이 난다,
세상이
헛거다.

물빛 흐린

하늘빛
흐린 것은
보고 들었다,
말하지
못해서.

강물빛
탁한 것은
하찮은 허방
버리지
못해서.

꿈 깨어 보니

잊은 줄 알았는데
갖고 있었네,
고운 정,
미운 정.

버린 줄 알았는데
남아 있었네,
옹고집,
똥고집.

〈자유문학 88호〉

사람 팔자

가는 길 오는 길은
이승의 문턱,

우리네
손바닥.

사는 길 죽는 길은
저승의 문턱,

부처님
손바닥.

돌탑

하나만
올려주면
탑이 되는 돌,
제 머리 못 깎지.

서로가
올라가려
잡은 상투 끝,
제 발등 찍었지.

깨달음

내 나이
서른 즈음
꿈도 많았지,
지구 열두 바퀴.

이순이
지난 다음
깨달았었지,
엉덩뿔 송아지.

마음은 콩밭

콩밭은
고향이다,
눈물 글썽한
송아지
눈동자.

콩밭은
가족이다,
땡감 나무에
매달린
까치밥.

혼얼

혼
얼
님
꿈에 보기
눈감아 왔다,

눈뜨면 가는 빛.

뜨
고
도
못 본 꽃잎
감으면 보여,

실눈 뜬 보살님.

업(業 karma)

老스님 바랑 짐에
따라서 간다,
긴 꼬리 그림자.

고비를 넘어가는
낙타 한 마리,
등짐이 무겁다.

〈사막 길〉

도돌이표

죽은 몸
되살아나
다시 살아도,
그러할 것이다.

만나서
헤어지고
다시 또 만나
먹고, 자고, 하고.

오래된 버릇

몸으로
버렸는데
아직도 맘에,
사는 게
버겁다.

입으로
버렸는데
아직도 몸에,
마음이
무겁다.

몽돌밭

가파도
물이랑이
서툰 다듬질
밉상도
고운 돌.

닳아진
눈코붙이
없어도 좋은
돌돌이
부처상.

〈민조시학 5호〉

구름씨

티 없이
맑은 하늘
흰 구름
듬성,
씨앗을 뿌린다.

아직도
눈물 나는
그리움
울컥,
새싹을 틔운다.

영혼의 무게

망나니
사타구니
달랑거린 혼,
고작 21그램.

날 버린
나의 주인
목숨 값어치,
염라대왕 껌 값.

게 구멍 작전

뻘 구멍 속에 숨어
나갈까 말까,
눈치 보는
칠게.

올가미 걸어놓고
나올까 말까,
기회 보는
어동(漁童).

물건리 바다

자갈돌 갈아내는
달빛 사포질
꿈꾸는
몽돌 밭.

〈자유문학 88호〉

모서리 갈고 닦아
몽당이 되는
보살님
치맛단.

〈공양주 보살〉

인간의 마음

두 마리 말이 끄는
고집 센 마차
언제나
갈래 길.

몸 따로 마음 따로
가는 길 따로
어디서
만나지.

돌고 도는 길

열심히
살아 온 길
뒤돌아보니
이 길이 아니다,

그 길이
아니라고
돌아갔더니
다시 만난 그 길.

죽비(竹篦)

큰 스님
죽비한 방
벙그는 연꽃
풀은 풀,
꽃은 꽃.

모른 놈
가르쳐도
그 말이 그 말
밥은 밥
똥은 똥.

〈선문답〉

마음공부

비우고
또 비워도
막힌 그 자리,

콧구멍 없는 소.

채우고
또 채워도
텅 빈 그 자리,

밑 빠진 항아리.

조주무자(趙州無字)

있다고
생각하면
있는 것이다,
담 넘은
구렁이.

없다고
생각하면
없는 것이다,
개 같은
부처님.

풍령(風鈴)

일없이
오다가다
울리고 가네,

처마 끝 마니차(摩尼車).

바람이
우는 건지
종이 우는지,

흔들리는 중(僧)심.

참선(參禪)

바윗돌
깔고 앉아
방석 되는 날,
피는 우담바라.

돌부처
어느 천년
발걸음 떼나
꽃버선 신는 날.

〈민조시학 7호〉

두타행(頭陀行)

萬行 길
나선 스님
산길 비좁다,
장삼에 둘린 몸.

〈자유문학 85호〉

꽃 먼저
피워 놓고
잎 달기 하네,
마음 바쁜 山僧.

〈산사의 봄〉

연꽃자리

진흙탕
뚫고나와
하늘 길 여는
부처님
꽃방석.

〈자유문학 88호〉

꿈 바다
자맥질로
도솔천 가는
바람종
공염불.

〈풍경〉

아침 예불

큰 스님
염불 소리
꽃눈 비빈다,

뜰앞 매화 등걸.

동자승
웃음소리
꽃 볼 붉힌다,

봄햇살 꽃보살.

초파일 연등

밤빛에
태가 나는
문수암 연등,
보살꽃
한 송이.

저만치
두고 보면
그놈이 그놈,
富者 燈
貧者 燈.

오동잎 법문

뜰앞의
오동나무
빗속 법문 중
목탁소리
똑 똑.

밤새워
줄줄 외다
잠이 들었다,
범종소리
동 동.

조화(造花)

설워도 울 줄 몰라
웃기만 하네,
마른 꽃 한 송이.

울 줄도 모르면서
웃기만 잘해
속없는 여편네.

〈종이꽃〉

매미허물

얼마나 좋았으면
벗고 갔을 까,

청하늘 날던 날.

껍질을 벗었을 때
자유로운 몸,

이제야 알았네.

속 딱지

모르고
사는 거지
알 곤 못 살아,
그놈 속알딱지.

눈감아
주는 거지
눈뜨곤 못 봐,
그년 밴댕이 속.

다시래기

저승길
떠나신다
술을 올려라,
눈썹달 지도록.

이승길
다시 오랴
풍악 울려라,
꼬꼬닭 울도록.

누구 말이 맞지

거북이 걸음처럼
느리게 가요
청년이 물었다.

눈 한 번 깜박하면
지나간단다,
노인이 답했다.

멍텅구리

온 곳도 모르면서 갈 곳도 몰라
눈뜬 멍텅구리.

빈주먹 쥐고 와서 갈 때도 빈손
욕심만 남은 손.

자기가 누구인줄 모르고 사니
살아도 죽은 몸.

백년도 못 살면서 천만년 걱정
배고프면 우네.

때와 시간

시간은
돌고 돌아
땡땡이 쳐도
한 살을 먹는다.

수많은
어제 하제
온 날은 하루,
먼저 쓰면 임자.

독립문 앞에서

迎恩門 (영은문)
기둥돌이
보초를 선다,
대한 독립 만세.

잘린 목
안아들고
떠도는 혼불
핏빛 보다 붉다.

〈자유문학 88호〉

장마당 풍경

엿치기
동네 꼬마
니 구멍 크다
내 구멍 더 크다.

각설이
배암 장사
애들은 가라
병 주고 약 주네.

이별없는 세대

줄 없는
전화기로
서로를 묶어
도망도 못가요.

어디에
있는지도
훤하게 알아
숨지도 못해요.

제 2 부

내리사랑 치사랑

아내

노모(老母)

부모와 자식

마음속 부모

속마음

노총각

치매(癡呆)

바람둥이

낭랑 18세

효도계약서

결혼하는 날

늙은이 내숭

제삿날 1

꿈속에 가는 곳

늙은이 한 해

추억속 어매

나 어렸을 적에

사랑의 느낌

좌우명

노부부(老夫婦)

내복 같은 사람

꿍꿍이속

백수 되기

연인이란?

사랑꽃

인생꽃

미련둥이

어미로 사는 것

암시랑토 않다

손편지

양로원

제삿날 2

노안과 치매

산다는 것

말로 하면

주름살

전어 굽는 날

곰에서 쫑(犬)으로

아내

누구나
아파보면
그 맘을 알지,
둘이가
하난 걸.

만나서
살다보면
그 속을 알지,
하나가
둘인 걸.

노부부(老夫婦)

서로가
돌아보면
강 넘어 등불,
깜박
깜박
깜박.

서로가
마주보면
추억 주름살,
가물
가물
가물.

노모(老母)

뵈오나 돌아서나
눈가에 삼삼,

무명 저고리 섶.

올해도 못 간다고
먼 산만 보네,

노량진 고시촌.

〈취업 준비생〉

내복 같은 사람

첫 월급 빨간 내복
부러워하던,

등짝 굽은 사람.

없을 때 더 그리워
눈물 삼키는,

무지렁이 사랑.

부모와 자식

가슴에 품고 살던
바윗돌 하나,
지고 가는
업보.

굳은살 없는 손이
부끄러운 줄,
알아채는
심보.

꿍꿍이속

자식은 많을수록 좋은 것이여
꿍꿍 속
한 아비.

딸자식 아들자식 품안에 자식
속 타는
한 어미.

마음속 부모

그리면 그릴수록
눈물주머니
아부지,
어무이.

더 이상 늙지 않고
모습 그대로
가슴에
사는 임

백수 되기

가랑잎 되기 전엔
나도 단풍잎,

끈 놓친 망석중.

놀이터 자리 펴고
별을 헤는 밤

내려앉는 달빛.

* 망석중: 망석중이, 꼭두각시.

속마음

남아도
모자라도
주먹 속사정
도부꾼 됫박질.

〈자유문학 88호〉

그 속도
숯 검댕이
속으로 탄다,
열아홉 구멍탄.

〈탄부의 마음〉

연인이란?

서로가
마주 보면
불꽃이 일어
까맣게
타는 것.

서로가
등 돌리면
서릿발 내려
하얗게
어는 것.

노총각

방앗간
순이 믿다
헛다리짚어
월남 간 김 총각.

호박이 넝쿨째로
굴러 오는 날
귀밑에 걸린 입.

〈장가가는 날〉

사랑꽃

아프지 않으면서
아픔인 것은
사랑꽃
핀 자리.

슬프지 않으면서
슬픔인 것은
사랑꽃
진 자리.

치매(癡呆)

잡은 끈
놓치더니
생판 남이래
알다가 모를 일.

골백번
물어보고
찾고 찾아도
돌아서면 몰라.

인생꽃

언제 쯤 피고 질지
아무도 몰라
그대의
인생꽃.

무엇을 잡을 런지
손이 다섯 개
긴 꼬리
원숭이.

〈욕심〉

바람둥이

가까이
더 가까이
좀 더 가까이,
부딪히면
불타.

깊숙이
더 깊숙이
좀 더 깊숙이,
알고 나면
썸타.

미련둥이

가슴에 담아두고
혼자 앓는 말
미안해
사랑해.

가슴에 못이 되어
박혀 있는 말
사랑해
미안해,

낭랑 18세

가랑잎
땅 재주꾼
굴러만 가도
못 참는 꽃 댕기.

〈민조시학 7호〉

조약돌
물수제비
동그라지는
웃음쟁이 순이.

〈수제비 뜨기〉

어미로 사는 것

세상의 어미들은
간도 쓸개도
빼놓고 다닌다.

가슴에 두었다간
녹아 없어져
제 명도 못 살아.

효도계약서

아파트 너 줄 테니
날 먹여 살려,
싫으면 관둬라.

재산과 맞바꾸는
효도의 가격
그게 얼마짜리.

암시랑토 않다

에미야
내 걱정은
하지말거래,
암시랑토 않다.

내 새끼
내 부모는
눈빛이 마음,
돌아서면 운다.

결혼하는 날

신부는
곱디고운
장미 한 송이
머리에
꽂는 날.

신랑은
팔랑팔랑
꽃나비 하나
가슴에
감춘 날.

손편지

밤새워 고쳐 쓰도
부치지 못해
나비로 접은 꿈.

까막눈 서산 댁은
보고도 몰라
부모님전 상서.

늙은이 내숭

펼치면
구 십리 길
접어서 산다,
나잇살
고빗살.

뭘라꼬
오래 살아
빨리 가야지,
마음은
천만 살.

양로원

잠자리 쫓아다닌
골목 철부지

창밖이 그립다.

나잇살 먹을수록
더 어려지는

기억 속 업둥이

제삿날 1

촛불이
춤을 춘다
나를 대신해
어머니 기쁘게.

온다고
하시더니
지나가셨나,
섣달 그믐날 밤.

제삿날 2

파름한
자단 향기
옥빛 발소리
버선발
어머니.

가신 곳
어디인지
대답도 없이
떠나는
하현달.

꿈속에 가는 곳

양지 편
자불자불
조는 할머니,
입가에 웃음 꽃.

지난 밤
가본 곳에
다시 만난 님,
오늘도 가는지.

노안과 치매

이제는
꽃도 임도
예쁘지 않아
눈보다 밝은 귀.

몸 따로
마음 따로
고장 난 시계
멈춰선 열두 시.

늙은이 한 해

쓰레기
대여섯 번
관리비 한 번,
내고나면
한 달.

이발소
여나무 번
병원 두세 번,
갔다 오면
한 해.

산다는 것

목 좁은 배불뚝이
먹여 살리는
빨대와
깔때기.

만들긴 어려워도
깨지긴 쉬운
배부른
항아리.

추억속 어매

황톳물
배어들어
불은 발가락,

기차표 고무신.

때 묻은
줌치 속에
꼭꼭 접어 싼,

십 원짜리 지전.

말로 하면

말로야
천번 만번
하고도 남지
숫처녀
숫총각.

하루에
열두 번도
갔다가 오지
노처녀
노총각.

나 어렸을 적에

잠자리
익은 것이
고추잠자리,
그런 줄 알았지.

나뭇잎
산도 강도
파란 하늘도
익는 줄 알았지.

〈자유문학 88호〉

주름살

웃음이 너무 헤퍼
돋은 주름살
입주름
눈주름.

시름이 너무 깊어
파인 주름살
나잇살
시름살.

사랑의 느낌

눈뜨고
보기보다
눈을
감을 때
밀려오는 파도.

껴안아
주기보다
품에
안길 때
전해오는 떨림.

전어 굽는 날

집 나간
가을 각시
제 발로 올까,
설레는 홀아비.

몇 번을
뒤적이다
속만 태운 밤
숯덩이 불덩이.

좌우명

젊을 때 게으름이
늙으면
보약,
할머니 座右銘.

개고생 하다보면
필 날도
있다,
할아비 座左銘.

곰에서 쫑(犬)으로

곰으로 태어나서
사람 되는 건
하늘의 별따기.

한 목숨 태어나서
쫑(犬)이 되는 건
누워서 떡먹기.

제 3 부

곶 됴코 여름 하ᄂᆞ니

끝물고추
갈대와 여인
호박꽃 팔자
모과와 파라시
담쟁이덩굴
진달래꽃
풀죽은 갈대
옹이
봄 기다림
이른 봄
계절의 시점
산골짜기 봄
봄밤
9월 호수
피아골 가을
억새 바다
남해의 저녁
자드락 숲길
백두대간

가을밤
초승달
이팝나무 아래
구절초 고향
배꼽시계
노을이 지면
여우비
봄잠
심술 바람
생각하는 꽃
꽃나비
단풍잎 줍기
늦은 가을
가을 문턱
단풍의 일생
별밤하늘
바람손길
안양천
철밥통

끝물고추

무서리
내리는 날
얼떨한 고추
정신줄 놓았다.

오르다
멈춘 독기
희나리 되어
허울 좋은 땡초.

가을밤

영근달
눈에 박혀
눈먼 귀뚜리,
임을 찾는
노래.

밤새워
외어대는
풀벌레 독경,
이슬 맺는
방울.

갈대와 여인

바람에
몸 맡길 때
갈대가 곱다,
일렁이는 물결.

사랑에
빠졌을 때
여인이 곱다,
출렁대는 숨결.

초승달

애기 별 무등 태워
더디게 가는
초사흘
친정길.

〈민조시학 7호〉

가을이 가는 것을
알아차린 날
길 밝힌
보름달.

호박꽃 팔자

고와도
늙었구나
예뻐도 호박
타고난 꽃 팔자.

〈민조시학 7호〉

둥글게
호박같이
살자한 맹세
호박씨만 깐다.

이팝나무 아래

저무는
보릿고개
달도 고파라,
헛쌀밥
차린 상.

새벽달
내려와서
멱 감고 가네,
천인지
삼합수,

〈정화수〉

모과와 파라시

먹지도
못 하면서
바라만 보다
바람맞은 사랑.

꼭지만
먼저 돌아
떨어진 배꼽
팔삭둥이 풋감.

구절초 고향

피는 곳
첩첩산중
바람길 물길,
어루는
산굼턱.

솔바람
집적거려
뒤돌아 앉은
깨순이
붉은 뺨.

〈원추리〉

담쟁이덩굴

기어서
올라가면
손이 닿을까,
첨탑 끝
십자가.

깨금발
들고서면
손에 만질까,
청하늘
흰 구름.

배꼽시계

영식이
배꼽시계
맨날 열두시
돌아서면 운다.

밥 따로
과자 따로
채우기 바빠
시도 때도 없다.

진달래꽃

사슴뿔
돋는 날은
꽃도 아픈지,
몸살 나는
개꽃.

봄바람
간지럼에
정신줄 놓아
풀어헤친
참꽃.

노을이 지면

구름도 산자락도
얼굴 붉어져
숨는 곳
노을 속.

꼬리 긴 산 그림자
길게 늘이고
가는 곳
어둠 속.

풀죽은 갈대

비오리
같이 놀다
떠난 강줄기
속울음 갈대꽃.

〈자유문학 88호〉

피지도
않았는데
메뚜기 탄다,
천둥지기 봉답(奉沓).

여우비

호랑이 장가 갈 때
어깃장 놀음
야시랑
여우비.

바늘귀 색실 물고
시침하는 비
매화꽃
한 송이.

〈봄비〉

옹이

곁가지
잘라내어
굳은 살속 살
미움 박힌 사리.

엇나간
길을 막아
천년을 사네,
어미몸 굳은살.

봄잠

소 찾아 깜박 졸다
놀라 깨보니
복사꽃 한 마당.

〈자유문학 85호〉

강물은 꽃을 안고
흘러가는데
휘파람만 분다.

〈휘파람새〉

봄 기다림

마음속 산수유꽃
피었다 지는
동지섣달 긴 밤.

산노루 발자국은
눈밭에 남아
녹을 줄도 몰라.

심술 바람

나무도
흔들어야
꽃눈을 뜬다,
심술꾼 봄바람.

〈자유문학 88호〉

오늘도
시나브로
흔들고 간다,
벌 나비 꽃 마음.

〈사춘기〉

이른 봄

풀피리
바람피리
숲에다 불어
춤을 추는
청산.

개나리
산수유꽃
강물에 띄워
물이 드는
꽃강.

생각하는 꽃

아무도
없을 적에
꽃잎은 핀다,
오늘 핀 것처럼.

보는 이
없을 적에
꽃잎은 진다,
어제 진 것처럼.

계절의 시점

봄바람
바다에서
일어나는지,
섬꽃 먼저 핀다.

가을빛
하늘에서
내려오는지
산색 먼저 붉다.

꽃나비

어제는
꽃이더니
오늘은 나비
속 터진 꽃나비.

못다 핀
꽃잎들이
지고 있는데
어쩔 수가 없네.

산골짜기 봄

바윗돌 소담스레
엎드린 자리,
이끼
파릇파릇.

소릿길 바람소리
지나간 자리,
봄꽃
울긋불긋.

단풍잎 줍기

숲길을 걸어가다
예쁜 단풍잎 하나를 주웠네.
뒤집어 살펴보니
벌레 먹은 잎,
바닥에 버렸네.

수많은 사람들이
주웠다 버린 바람맞은 단풍.
더 고운 단풍잎은
나뭇가지에
매달려 있었네.

봄밤

그렇게
떠나가서
잡은 손 놓은
엊그제 그 꽃잎.

또다시
돌아와라
꽃망울 터칠
봄날의 달밤에.

늦은 가을

푸른 숲
구석구석
숨겨 둔 마음,
노처녀
심술꽃.

초가집
지붕위에
널어 논 마음,
노총각
바람꽃.

9월 호수

선녀님 하늘에서
내려오려나,
옥색 치마 곱다.

구름도 호수 가에
쉬어 가려나,
수련 꽃볼 붉다.

〈참국축제〉

가을 문턱

외양간 모깃소리
가늘어 진다,
氣 죽는
여름밤.

마루 밑 귀뚜라미
목청 돋운다,
氣 사는
가을밤.

피아골 가을

풀치마
단풍 적삼
내비친 속살,
숨죽인 숫 바위.

바윗돌
타고 넘다
몸살이 났다,
물길 아홉 구비.

단풍의 일생

또 한 잎
누우신다,
온 산이 울어
하늘강도 붉다.

마지막
한 이파리
할딱거린 숨
지푸라기 욕심.

억새 바다

물 없는
억새 바다
이는 은물결
노를 젓는 바람.

한 구비
흘러 돌아
만나는 노을
강도 배도 없다.

별밤하늘

어둠을
살라먹어
밝게 빛나는
별빛 부스러기.

두 손에
가두었던
강물 달덩이
빠져나간 별강.

남해의 저녁

노을 빛
하늘 바다
몸을 쉬는다,
사부작
사부작.

돌짱게
명주고동
밤눈을 뜬다,
꼼지락
꼼지락.

바람손길

보이지 않아도
오는 곳 알 수 있어
꽃눈 틔우며
아른대는 숨결.

보이지 않아도
가는 곳 알 수 있어
잎새 굴리다
손 터는 바람꽃.

〈민조시학 5호〉

자드락 숲길

솔바람 숲에 걸린
민조시 한 수,
산이랑
물이랑.

〈민조시학 5호〉

비오는 자드락길
읊는 시 한 수,
물소리
새소리.

안양천

안양천 뚝방길에 가을이 간다
노을빛 길 따라.
구절초 살살이꽃 흩어 뿌리고
낙엽 밟고 간다.

갈대숲 숨겨둔 님 먼저 보내고
울먹거린 하늘.
파드득 나래치고 도움닫기로
만나려고 간다.

백두대간

힘차게
요동치는
삼한의 동맥
백두에서 지리.

등줄기
펴져가는
팔도의 정맥
장백, 태백, 소백.

철밥통

던져도
두들겨도
땅에 굴려도
안 깨지는 밥통.

나도야
하나쯤은
가지고 살다
물려주고 싶어.

제 4 부

내히 이러 바ᄅᆞ래 가ᄂᆞ니

무근 동네
고추밭
고향 지킴이
금음마을
마을 앞개울
멍멍이와 꼬끼오
눈치 9단
보리밭 길
보릿고개 2
섬마을
시골집
우체통 실종신고
초례청
탕약(湯藥)
홍탁집
잠
장다리밭
오계(烏鷄)
배메기

개울 건너기
김치 만두
두고 온 고향집
김장하는 날
둥저리
묵은 골목
백중(伯仲)사리
보릿고개 1
산골 마을
섬마을 친구
옛날 맛
외갓길
생이별
풍선 싸움
주말 근무
새 보살
손자와 할미
땡초
달나라

무근 동네

눈가의 주름살도
꽃으로 피어,
조잘대는 골목.

숟가락 젓가락도
바깥나들이,
짝을 찾는 이웃.

개울 건너기

맨살이 부끄러운
꽃순이 치마,
간질이는 물살.

통치마 걷을 적에
속곳 보였다,
얼레리 꼴레리.

고추밭

버겁다 하면서도
못 버린 농사
울 엄마 고추밭.

〈민조시학 7호〉

새벽길 이슬 털어
땅심 돋우는
울 엄마 갈퀴손.

〈남새밭〉

김치 만두

묵은 정
다북다북
꼭 다문 입술
개성 댁 손 만두.

〈자유문학 88호〉

장꽃 핀
김장독에
삼동 묵은지,
몸살 나는 봄날.

고향 지킴이

등 굽은
땡감나무
부러진 가지,
암내 난 고양이.

세살문
드문드문
손가락 구멍
나드는 헛기침.

두고 온 고향집

옛날만 같지 않네
젖 뗀 강아지,
찾아든 어미 품.

사진이 되어가는
빛바랜 옛집
개똥쑥 한 마당.

금음마을

뜸 소문 주렁주렁
열매로 익어
담 넘는 가을녘.

눈감고 달려가는
골목 끝자락
아슴한 어머니.

〈자유문학 88호〉

김장하는 날

속속곳
벗긴다고
밤새운 새벽
축 처진 통배추.

총각무
품에 안고
신방 차렸네,
꿈꾸는 단칸방.

마을 앞개울

송사리
사라진 날
옥이도 갔네,
마을 앞 실개천.

손 떠난
징검다리
혼자 자부락,
옛 엄니 빨래터.

둥저리

할머니
등짝위에
얹여서 간다,
낯익은 업둥이.

넋두리
받아주는
말 없는 친구,
같이 늙어 동갑.

멍멍이와 꼬끼오

멍멍멍
닭 쫓던 개
혼자 궁시랑,
내려 와
내려 와.

꼬끼오
지붕에서
약을 올린다,
올라 와
올라 와.

〈민조시학 6호〉

묵은 골목

알싸한 사람 냄새
번지는 고샅,
별이 뜨는 창문.

저마다 고만고만
행복 주머니,
털어내는 저녁.

눈치 9단

바람이
불어오면
고개 숙인다,
국민의
종으로.

바람이
지나가면
고개 쳐든다,
국민의
갑으로.

백중(伯仲)사리

漁翁은
배를 두고
주막에 앉아
술타령
돈타령.

바람은
눈치 보며
쉬고 싶은지
부는 둥
마는 둥.

〈민조시학 7호〉

보리밭 길

바람이 다가서면
슬쩍 문 열어
마중하는 두렁.

몸 비빈 속삭임에
얼굴이 붉어
노을도 붉었다.

보릿고개 1

송기 밥
풀떼기 죽
동치미 국물
춤추는 숟가락.

굴뚝에
삼시 연기
언제 피우랴
애끓는 솥단지.

〈월간 순국〉

보릿고개 2

똥구멍
찢어지게
가난한 살림
대추나무 연줄.

돌아본
고비마다
알알이 박힌
미주알고주알

산골 마을

저 멀리
구름발치
사부락 삽짝
너와집 서 너 채.

바람도
숨바꼭질
열아홉 구비
물골에 누웠다.

섬마을

갯바람
구불구불
돌아서 온다
꼬부랑
고갯길.

흰구름
고물고물
물들어간다
빛 고운
저녁놀.

섬마을 친구

옥이네
사립문짝
닫으나 마나
갈매기
놀이터.

대문 밖
기웃기웃
눈치만 본다,
올바람
갈바람.

〈민조시학 6호〉

시골집

방문 위
흑백 사진
집을 지킨다,
보는 눈 12개.

창문에
수를 놓는
달빛 그림자
왔다 가는 저녁.

옛날 맛

단 술밥 고는 날은
밤도 길어라,
속 타는 아랫목.

토장국 열무김치
꽁보리 비빔
밥맛 보다 입맛.

우체통 실종신고

새빨간 주둥이도 못 미더워서
들여다 본 뱃속.
그 속을 어찌 알아 주고받은 정
밤새워 접은 꿈.

해 마다 6백여 개 흔적도 없네,
어디로 갔는지.
우체통 앞에 서서 엽서 쓰던 놈
갑자기 그립다

외갓길

버스야
하루 두 번
걸어도 좋은
눈감고]
가는 길.

〈민조시학 5호〉

바람벽
슬쩍 열고
얼굴 내미는
논두렁
밭두렁.

〈민조시학 5호〉

초례청

날줄과
씨줄 만나
매듭 짜는 날
싱글벙글
신랑.

석류알
떨어질라
두 뺨 감싸는
웃음 헤픈
신부.

생이별

떠나고
남은 사람
거울이 두 개,
맘 안에
몸 밖에.

〈민조시학 7호〉

먼저 간
하늘나라
자리나 잡지
보채는
꿈나라.

〈생과부〉

탕약(湯藥)

독기가
알듯 말듯
남아있을 때,
약이 되는 초탕.

아린 맛,
쓴맛 단맛
다 빠진 날에,
팽 당하는 재탕.

풍선 싸움

동생이 뺏어 갔다
울음 터뜨린
빵빵하던 풍선.

미안해 돌려 줄 땐
부끄럼 타는
쪼그라든 풍선.

홍탁집

입 보다 코가 먼저
눈치 채렷다,
소문난 홍탁집.

지아비 언제 오나
문턱이 닳네,
홍애탕 열가슴.

〈민조시학 5호〉

주말 근무

앉아서 용만 쓰다
버스 떠난 날,
창밖은 단풍철.

마음은 꽃 본 나비
물 본 기러기,
또 하루가 간다.

잠

붙잡고
늘어지면
버리고 가는
천사의 날개옷.

밀치고
도망가면
눈앞에 서는
날밤 저승사자.

새 보살

새들은
손 없으니
가진 것 없어
버릴 것도 없어.

몸뚱이
무거우면
날지도 못해
뼈속까지 비워.

장다리밭

한 자락
추임새에
춤추는 이랑
치마가 열두 폭.

살가운
바람 손길
간지럼 태워
터져버린 꽃봉.

손자와 할미

호랑이
담배 필 때
들었던 얘기
풀어먹는 재미.

할머니
그 다음에
어찌 됐어요,
놀려먹는 재미.

오계(烏鷄)

걸 희고
속 까만 놈
일본이 원산
시커먼 오골계.

겉과 속
새까만 놈
뼈 속까지도
신토불이 오계.

땡초

그 기서
그 기 더냐
고추라는 게
사내놈 같아서.

겉으로 보아서는
그 맛을 몰라
첫물 끝물, 번초.

그 기서
그 기 더냐
당초라는 게
시누이 같아서

달다가 칼칼하다
눈물 쏙 빼는
시어미 사랑초.

배메기

반타작 하자더니 마사니 말질
마당통 가량통.

풋바심 홀대 훑어 메밥 한 그릇
조상님 네 은덕.

〈초련〉

달나라

위성이
달나라에
올라가려면
로켓을 버린다.

사람이
하늘나라
들어가려면
가진 것 버린다.

태극기와 민조시

태극기와 민조시

1. 태극과 팔괘
   가. 태극
   나. 8괘
2. 민조시의 수리학
   가. 2수 문화와 3수 문화
   나. 수리학으로 본 숫자의 개념
3. 3부경의 수리학
   가. 天符經(천부경)
   나. 地符經(지부경)
   다. 人符經(인부경)
4. 민조시란

태극기와 민조시

중국 북송 시대의 평론서인 임천고치(林泉高致)의 '화의 편'에는 詩是無形畵 畵是有形詩라는 구절이 있다 이는 시는 형체 없는 그림이요 그림은 형체 있는 시라는 뜻으로 서양에서 시는 말이 있는 그림이고 그림은 말이 없는 시라는 의미와 상통한다. 그런 의미에서 보면 태극기는 순백의 공간에 펼쳐지는 한편의 민족시다. 우주의 생성과 삼라만상의 움직임을 나타내며 우리의 민족정신을 표현하는 상징이다. 따라서 태극기를 보고 있으면 가슴 뭉클한 심장의 고동소리를 느끼고 외국에 나가서 태극기를 보면 조국에 대한 자긍심을 느끼게 된다. 반만년 역사의 흐름 속에 면면이 이어져온 민족정기와 한 사상을 담았으며 미래를 향해 나아가는 민족정신을 담았기에 대한민국 국민은 저마다 가슴속에 태극기를 안고 살아간다.

태극기는 1876년 운양호 사건을 계기로 국기의 필요성이 제기되어 조정에서 논의되기 시작하였으며 1882년 수신사 박영효가 일본에 갈 때 배안에서 조정에서 논의된 사항에 기초하여 만든 태극 4괘기가 최초라고 할 수 있다. 그 후 1883년 고종이 태극기를 국기로 발표하였으나 정확한 제조방법이나 사용법이 없어 태극양의와 4괘의 위치를 혼돈하기도 하였다.

도안과 규격을 통일시켜 제대로 된 국기를 만들어 발표한 것은 1948년 정부수립 후이며 1984년 까지도 태극기에 대한 규정을 개정 발표하였다. 태극기는 순백의 바탕에 태극과 8괘중 상하가 대칭인 4괘를 음양의 흐름에 따라 배치한 특징을 가지고 있으며 그 의미에 대해서는 여러 의견이 있지만 대략 다음과 같은 의미를 갖는다.

1. 태극과 팔괘

태극은 6천 년 전 태호복희씨가 용마하도를 중심으로 음양정동의 우주 이치를 규정하는 것이었으며, 주나라 문왕은 신귀도에 나타나 있는 하도낙서의 원리로 태극을 설명하였듯이 오랜 역사를 가지고 있다. 초기에는 태극양의(太極兩儀)였던 것이 4상(四象)과 팔괘(八卦)로 분화되었으며 북송 시대의 주돈이는 유교이론의 중심이 되는 태극도설에서

> 無極而太極 太極動而生陽 動極而靜 靜而生陰 靜極復動 一動一靜互爲其根 分陰分陽兩儀立焉
>
> 무극이 태극이며 태극이 움직여 양이 되고 움직임이 극에 달하면 고요해져 음이 된다. 음이 극에 달하면 다시 움직이므로 한번 움직이고 한번 고요해서 서로 상대방의 근원이 되어 음양으로 나뉘어 양의가 된다

라고 설명하고 있으며 우주의 본체는 태극이며 목·화·토·금·수의 5원소가 나온다고 하였다. 태극사상은 이기이원론으로 발전하고 이는 주자의 성리학으로 발전하였으며 우리나라 에서는 이이나 이황이 이를 이어받아 조선의 유교사상의 근간이 되었다. 이처럼 태극과 8괘는 서로 분리된 개념이 아니라 서로 연관되어 있기 때문에 구분하여 말하는 것은 무의미할 수 있으나 나누어 살펴보기로 한다.

가. 태극

태극사상은 반만년의 역사를 가지며 초기에는 음양태극이 아닌 3원태극이었다는 것이 역사적 자료나 유물로 증명이 되고 있다. 이는 하늘, 땅, 사람을 중심으로 한 한민족 고유사상이었음이 천부경에 기록되어있으며 태양신을 섬기며 사람을 중시하는 弘益人間, 弘益濟人, 理化世界,의 인류 시원사상을 포함하며 人中天地一, 三位一神, 三神一位, 三一神, 이라는 개념으로 잘 나타나 있다.

태극은 무극에서 출발한다. 무극은 우주의 혼돈(카오스)시대로 질서가

없는 상태이며 텅 비어 있다. 이는 시간이 지남에 따라 한 점을 중심으로 뭉쳐지고 서로 나누어지게 되는데 이것이 태극이며 음양이 나온 자리이다. 따라서 태극은 질서를 유지하는 상태이며 만물이 태어나는 씨앗이기 때문에 만물은 태극을 품고 있다. 하지만 이러한 율동은 다시 무질서로 흩어지려는 힘이 있기에 황극을 중심으로 지속적인 변화와 경영을 통해서 질서를 유지한다.

태극기에서 태극이 말하고자 하는 것은 모든 생명체는 움직임이 있고 증식하며 소통한다. 가슴 속의 심장이 박동을 하여 인체를 성장하게 하는 것처럼 우주만물이나 국가와 민족도 지속적인 변화의 율동 속에서 발전해 나아가기를 기원하고 있는 것이다.

나. 8괘

8괘는 음양 2괘(—, --)에서 4상, 4괘(⚌, ⚍, ⚎, ⚏)로 이는 다시 陽卦(홀수의 괘) 건☰, 간☶, 감☵, 진☳. 陰卦(음수의 괘) 곤☷, 태☱, 이☲, 손☴의 8괘로, 8괘는 후천 8괘를 더하여 64괘로 분화되어 주역의 기본 괘로 전해지고 있으며 각 괘가 의미하는 것은 다음과 같다.

3☰,乾(건) 天, 東, 春, 仁, 興仁之門.
4☲,離(이) 火, 南, 秋, 禮 日, 崇禮門.
　4☱,兌(태) 澤, 연못, 바다, 낮음.
　4☴,巽(손) 風, 木, 바람,
5☵,坎(감) 水, 北, 冬, 智 月, 洪智門
　5☳,震(진) 雷, 번개 , 움직임
　5☶,艮(간) 山, 산, 그침.
6☷,坤(곤) 地, 西, 夏, 義, 敦義門

건은 하늘을 뜻하며 곤은 땅을 뜻하는 것이며 이, 태, 손. 감, 간, 진은 하늘 과 땅 사이에서 일어나는 음양의 변화를 나타내는 것이다.

우리민족의 민족정기를 그림으로 나타낸 것이 태극기라면 민족정기를 그림 대신 글로 나타내면 어떻게 될까하는 생각을 해보면 민조시가 바로 그러한 정신적 수적 의미를 가지고 있다고 생각한다. 이렇게 보면 태극기에 나타난 우리민족의 사상과 이념은 민조시가 주장하는 건과 곤 사이에서 일어나는 삼라만상의 변화를 문자로 표현한다는 것과 일맥상통하는 개념을 가진다고 볼 수 있는 것이다. 또한 태극기의 괘는 마주보는 괘의 합이 9가 되고 두 개의 9가 곱해져 81을 나타내는 것은 우주만물의 생성과 변화를 81로 보는 천부경의 수리와 같은 의미를 지닌다.

2. 민조시의 수리학

가. 2수 문화와 3수 문화

세계 고대문명의 발상지는 BC 3000-5000년 전에 나일 강 유역에서 발생한 이집트 문명, 인더스 강 유역에서 발달한 인도 문명, 황하유역에서 발생한 중국 문명, 티그리스, 유프라테스 강 유역에서 발생한 메소포타미아 문명의 4대강 유역에서 발생한 것을 4대 문명이라고 하며 이는 각 지역에서 발생한 고유의 문명들이 많았지만 비교적 규모가 크고 지역 문명에 영향을 많이 끼친 것을 말한다.

그러나 최근에 중국 문명의 중심이었던 황하 문명보다 앞선 문명이 중국의 경계였던 만리장성을 벗어난 지역인 요하 홍산 지역에서 발견되었는데 그 특징이 황하 문명과 다른 특징을 가지고 있는 것으로 알려지고 있다.

황하 문명은 농경 중심의 문화로 음양이론을 중시하는 2수 문명으로 현실과 인간중심의 사상으로 합리성을 강조하며 성리학으로 발전하였으며 태극이 음양으로 되면서 서로가 대립되는 개념으로 발전하고 이것이 분화하면 4가 된다.

반면 요하문명은 샤머니즘이 강한 삼재론(天地人)에 기초를 둔 3수 문화라는 것이다. 이 3수 문화는 초월적이며 탈 세속적이고 영적 세계를 중요시하는 문화로 우리나라의 고조선과 깊은 관계를 가지고 있는 것이다.

삼신사상이나 삼태극, 삼족오는 익히 들어온 우리문명의 근원으로 북방 고구려의 수호신이기도 하였다. 삼족오(三足烏)는 하늘, 땅 ,인간 사이를 마음대로 날아다니며 신과 인간관계를 연결해주는 삼신의 심부름꾼이라고 할 수가 있다.

한서 율력지에는 태극 하나가 셋이 되고 이는 다시 하나가 된다고 하였는데 太極一氣參合爲一(태극일기삼합위일) 3은 변화의 계기수이며 9는 변화의 완성수이며 81은 우주적 완성수이다.

나. 수리학으로 본 숫자의 개념

3;동이의 고유 수 시조의 첫 수이며 음과 양의 합수이며 시작하는 수이다. (1+2), (2+1)

4;2+2의 2수의 완결 수이며 형체를 이루는 기본수이다.

5;2+3으로 2수와 3수의 혼합, 양의 중심수. 5행의 기본수로 땅의 중심수이다.

6;3+3 3수의 완결 음수의 중심수.

3*2와 2*3은 2수와 3수의 교합수이며. 2,3의 최소공배수이며 다섯으로 닫힌 것을 다시 여는 여섯은 새로운 3이 시작되는 수이다.

3. 3부경의 수리학

가. 天符經(천부경)

一 始 無 始 一 析 三 極 無 盡 本 天 一 一 地 一 二
人 一 三 一 積 十 鉅 無 櫃 化三 天 二 三 地 二 三
人 二 三大 三 合 六 生 七 八 九 運 三 四 成 環 五 七
一 妙 衍 萬 往 萬 來用 變 不 動 本 本 心 本 太 陽

昂 明 人 中 天 地 一 一 終 無 終 一. 천부경의 해석하는 것은 어려운 일이다. 풀이하는 사람에 따라서 의견이 분분하고 내용이 지닌 의미

가 추상적이기 때문에 딱히 이것이 정답이라고 말하기도 어렵지만 그 바탕에 흐르는 대략적인 해석의 수리 개념은 우주는 시작됨이 없이 시작되었으며 그 속에는 천기, 지기, 인기가 다 포함 된 상태에서 천기가 모여서 하늘이 되고 지기가 모여서 땅이 되며 인기가 모여서 사람이 되어 삼극으로 분화되었으니 셋으로 나눠져 있지만 결국은 그 속에는 천기와 지기와 인기가 상호 연관되어 있기에 다시 하나와 같은 것이다. 무극이 황극이 되고 다시 삼태극으로 나눠져 순환한다는 것이다.

나. 地符經(지부경)

十終有終十靜九抱一一九白宏動十生一折化三
三天一貫五七地一貫四八人一貫六九神龜負九
五極圖本七八化衆行三八政乾坤配合通約九六
六六大化十十理機三十六宮十三月國神人百八
十十行道大神機漏盡一九宏因化十十始有始十.

지부경은 천부경 보다 뒤에 중국에서 발견된 것으로 10은 완성수로서 다시 하나를 낳으며 이는 다시 천지인이 생기게 되며 천은 5,7과 통하며 지는 4,8과 통하고 인은 6,9와 통한다. 6은 음과 양이 조화된 수이니 완전한 상태이며 음양통합의 공약수라고 설명하고 있다

다. 人符經(인부경)

天地大本中正人 天十地一 地九天二 天八地三 地七天四
天六地五 天地合十一 天地合德人 天地合道人 天十地三
地九天四 天八地五 地七天六 人地天十三 天十地五
地九天六 天八地七 十乾天五坤地 十五眞主 三極三神
會六歸二 道家眞靈 大寶性命精 三三六六 定矣.

인부경에서는 천지의 근본은 사람이며 수리는 1은 하늘수이며 3은 사람의 수이고 5는 땅의 수로서 황극, 중심수이며 3과 6이 3극3신이 진 주

인으로서 유형무형의 삼태극이며 천지인 삼수에 음양이 함유되어 있어 만물 생성의 역할을 하니 모6, 모태이며 삼재와 삼극이 6이 된다고 된다. 이처럼 천,지,인, 삼부경에서 말하는 수리의 공통적 개념은 하늘과 땅 사람의 관계에서 근본은 사람을 중심으로 하는 인본주의와 삼신사상 그리고 음양과 5행을 융합하는 한 사상이 중심이 되고 있다.

4. 민조시란

민조시는 한민족의 호흡 장단 가락에 딱 맞는 3,4,5,6(18자)으로 구성되었으며 한국인의 정서를 담은 민중성을 가진 정형시로 추임새와 거듭 장단을 지닌다. 천인지(원각방)의 한 사상을 기저로 하는 천부경 수리학을 바탕으로 하는 한민족의 겨레시로 자수율은 우리민족의 율조인 3,4조에 선천수(실수)1,3,5,7,9의 중앙 기둥수인 5와 후천수(허수), 2,4,6,8,10의 중앙 기둥수인 6을 합한 것으로 천부경, 징심록의 수리학을 기초로 한다.

우리민족의 정형시인 시조가 3,4,3,4/3,4,3,4/3,5,4,3조로 초,중,종장을 3으로 시작해서 3으로 끝내는 것과 같이 민조시 역시 3으로 시작하고 3으로 끝나며 시조가 거듭 장단을 허용하듯이 민조시도 거듭 장단을 허용하고 있지만 정형시의 형태로서는 재론할 필요가 있다.

민조시는 창조가 아니라 발견이다. 민조시는 어느 개인의 창조물이라기보다는 전통적인 민족의 가락을 재발견한 것이라고 보는 것이 옳지만 이를 정립하여 새로운 정형시의 한길을 열어준 아산 신세훈 님의 창의력과 노력은 칭송받아 마땅하다. 고조선에서 시작하여 삼국시대를 거쳐 전해오는 향가나 고대가요의 연구에서 밝혀진 바와 같이 민족의 민중시로 이어져 오고 있으며 현재도 진행형인 가락이기 때문이다.

앞에서 말한바와 같이 태극기가 우리 가슴에 전해지는 민족의 얼을 그림으로 나타내는 것이라면 민조시의 형식은 글로서 민족 얼을 전승하는 도구로서 손색이 없을 것 같다. 따라서 민조시를 쓰는 시인들은 이러한 사명감을 가지고 가장 한국적이고 한 사상을 이어받은 개척자로써 많은 사람들에게 감동을 주는 민족시로 발전을 시켜야 한다. 바퀴는 저 혼자 굴러가는 것이 아니다. 서로가 힘을 모아서 강하게 밀어줄 때 멀리 굴러가는 힘이 생기는 것이다.

민조시

天人地 乾坤坎離
木火土金水
韓民族 定型詩.

하늘 땅 삼라만상
한수에 담는
우리가락 노래.

짧은 시
접어도 오래남아
가슴 아린다,
말이 없는 그림.

빗소리 천둥소리
화폭에 담아
피어낸 소리꽃.

한참을 읽고 나도 무슨 뜻인지 모를 글들이 가득한 마당에 읽기 쉽고, 알기 쉽고, 그 속에 전하고자 하는 촌철살인의 메시지가 있는 짧은 글을 쓰려하니 마음이 무겁다.

조금만 벗어나면 운율에 맞지 않고 운율에 맞추다 보면 서술문이 되어 길어지고 말아, 한편의 민조시를 쓰는 것이 만만찮은 일이라는 걸 이제야 알 것 같다.

오랜 역사를 가진 일본 하이쿠가 짧은 정형시로서 세계문학의 한 장르를 차지하고 있는 시점에 우리민족의 운율 속에서 찾아낸 3,4,5,6조의 민조시는 우리의 정형시로서 시조와 함께 자리매김할 것을 믿어 의심하지 않으며, 나아가서는 세계 속의 정형시로서 일본의 하이쿠와 경쟁을 하지 않을까 생각도 해본다.

2015년 한해가 저문다.

〈작품해설〉

文武兼全 安貧樂道의 隱逸處士
- 백상봉 第2民調詩集 〈마음은 콩밭〉을 중심으로

金 進 中

한국민조시인협회 명예회장

비취빛 청정바다 한려수도가 지나가는 남해에서 출생한 백상봉 민조시인은 시조시인이기도 하다. 그리고 주목할 점은 그의 이력이다. 식품공학을 전공하여 유명한 대기업체의 공장장으로 퇴직하기까지 여러 권의 저서를 갖고 있다, 그러면서도 다양한 취미활동 중 弓道에 몰두하여 지금도 활을 쏘는 동호인 단체인 '영학정'의 射頭를 거쳐 고문으로 활동하고 있으며 國弓을 통한 정신수양에 관심을 갖고 있다. 그러나 그는 無量하기 그지없이 문학을 향한 열정으로 7순을 바라보는 나이에도 불구하고 다시 민조시에 도전하여 한국민조시아카데미 제1기로 공부하였다. 그 사이 계간 '자유문학'에 2회 추천 완료되어 이나라 민조시인으로 登林을 한지도 어언 5년, 드디어 민조시집 2권을 한꺼번에 출간하게 된 것이다.

〈공자 활을 쏘다〉

특히나 첫민조시집으로 간행한 〈공자 활을 쏘다〉는 孔子와 老子의 활에 대한 哲學과 弓道를 우리말 현대 언어로 번역하여 풀어쓴 기념비적인 시집이라 아니할 수 없다. 이는 필자가 전에 처음 발간한 장·연작·서사시집 '개코나 말코나'(도서출판 천산 2009) 이후 장·연작·서사민조시집으로 이름할 수 있는 시집이다. 장장 272쪽에 달하는 이 시집은 활(弓)에 대한 모든 것을 민조시틀에 맞춰 노래로 읊은 絕唱들이다. 필자는 이미 "개코나 말코나'에서 다음과 같이 밝힌 바 있다.

> 鵝山 선생을 만나 처음으로 民調詩라는 새로운 장르를 접하게 된지도 어느덧 20여년이 가까워온다. 그후 한눈팔지않고 오로지 3·4·5·6조 民調詩에만 매달리다보니, 이것은 어쩜 경악에 가까울 수 있는 사실을 발견했던 것이다. 우리말과 우리 한글의 무한한 가능성과 발달된 갈래를! 이는 세계 어느 나라 말이나 문자로도 표현할 수 없는 우리 겨레만이 지닐 수 있는 커다란 축복이다. 곧 우리말과 우리 한글은 과학적 구조에 의한 음성학적, 음운학적인 장단가락에 무한한 잇점이 있다는 말이다.……(중략)…… 나는 민조시 창작을 하면 할수록 우리말과 글은 대평원에 풀어놓은 야생마처럼 뛰고달리고 맘껏 비상도 하다가 슬몃 낮잠도 즐기는, 비길 데 없이 살아 움직이는 생명체요, 자연, 자유의 음양 5행 화신임을 깨달을 수 있었다.
>
> — 金進中의 '自序' 중에서.

굳이 이 예문을 드는 것은 이와 같은 우리 말과 우리 한글의 우수성과 위대함을, 그 다양하게 변용할 수 있는 갈래말을 이 시인은 충분히 이해하고 있을 뿐 아니라 그 점을 민조시의 율조로 노래하며 발전시켜나가고 있기 때문이다. 곧 〈공자 활을 쏘다〉 이 시집은 활에 대한 입문서이자 그 결정판으로서, 거기다가 모든 활 이론과 활 역사까지도 민조시로 풀어 기술한 점은 우리나라 어문학사나 民調詩史에서도 으뜸에 버금갈 수 있는 典範이라 할 수 있을 것이다.

제2민조시집 〈마음은 콩밭〉

이 시집은 전부 4부로 나눠져 있고 시인의 민조시론으로 구성되어 있다.

제1부는 '마음은 콩밭으로 간다' 편으로 '내가 사는 법' 등 38편의 시들은 주로 마음밭을 耕作하는 禪詩風의 깨달음을 말하고 있다.

제2부 '내리사랑 치사랑'에서는 '아내' '노모' '부모와 자식' 등 역시 38편으로서, 天倫으로서 맺힌 가족 간의 사랑을 그리고 있다.

제3부 '곳 됴코 여름 하ᄂᆞ니'도 38편을 묶음으로서 '끝물고추' 등, 자연

과 계절의 攝理를 노래하고 있으며, 제4부 '내히 이러 바ᄅᆞ래 가ᄂᆞ니'도 38편을 엮어 시간에 강물 속에 浮沈해가는 고향의 흑백 기억들을 되살려 反芻하고 있다.

이로서 자그마치 모두 152편의 민조시를 한 권으로 묶었으니 이것만으로도 거의 여늬 시집 2권 분량에 해당된다.

그리고 末尾에는 시인 자신의 詩論-즉, 민조시 이론을 우리 겨레의 始原思想인 ᄒᆞᆫ사상을 바탕한 太極八卦와 天符經의 數理學을 들어 민조시를 이야기하며 민조시가 앞으로 나아갈 방향을 제시하고 있다.

Couplet minjos

英譯으로 달린 副題가 'Couplet minjosi' 인데 여기서 'Couplet'은 곧 closed couplet의 閉鎖 聯句로서 한 무리의 詩行에서 連續된 2行마다 意味와 韻이 完決되어 다음 行에 걸치지 않는 2行 聯句를 말한다. 이 점은 3,4,5,6調 18音節로서 한 편의 작품을 완성하는 민조시의 特長點을 아주 잘 代辯한 것이라고 할 수 있다. 그것은 이러한 couplet 聯句와 對句를 적절히 사용하여 詩作을 하는 이 시인의 민조시 全般에 흐르는 詩風이자 特徵이라 할 수 있겠다. 이러한 기법은 특히 한시의 5言絕句나 7言絕句에서 많이 나타나는 對句, 對聯法으로서 太極과 陰陽, 森羅萬象을 연상하면 쉽게 이해할 수가 있다. 푸른 하늘/ 붉은 땅, 청산/녹수높은 산/ 깊은 물로 對句하는 식이다. 그렇게 서로 상반되는 개념이나 물체를 대비시킴으로서 명징하고 더 뚜렷한 이미지를 창출해낼 수 있는데, 이는 현대시에서도 역시 통용되는 기법이기도 하다.

바윗돌 소담스레 엎드린 자리 이끼 파릇파릇.
소릿길 바람소리 지나간 자리 봄꽃 울긋불긋.

– '산꼴짜기의 봄' 全文

바위/길, 엎드린/지나간, 이끼/봄꽃, 파릇파릇/울긋불긋, 이와 같이 절묘한 대구로서 시의 맛을 돋궈주고 있지 않은가. 불순물 전혀 없이 순도 100%의 재료로 맛있는 과자를 만드는 것처럼.

민조시에도 나름의 구조가 있는데 바로 起(3)·昇(4)·轉(5)·結(6)의 구조이다. 이를 3·4·5조까지를 같이 묶어도 좋으나 끝 6조에서는 반드시 결론을 맺어줘야 한다. 백 시인은 이러한 법칙을 잘 살려서 주로 2연의 대련 민조시로 성공하고 있다.

콩밭은
고향이다,
눈물 글썽한
송아지
눈동자.

콩밭은
가족이다,
땡감나무에
매달린
까치밥.

– '마음은 콩밭' 全文

그는 머릿글에서 자기 자신 마음의 '최고의 콩밭은 치열한 생존경쟁의 장에서 해가 저물면 찾아드는 곳, 모든 허물을 감싸 안는 곳, 무한한 여유와 편안함이 있는 가정이며 가족'이라고 정의하고 있다.

그래서 그 콩밭의 근본을 조상님의 뼈를 물려받은 고향으로 설정하고 지난날의 송아지 추억과 옛 육친들과 떠나버린 이들의 눈망울을 나즉히 그리워하고 있는 것이다. 그러나 언제까지 몽상에만 사로잡혀 있을겐가. 바로 현실로 돌아와 살펴야할 피붙이 살붙이가 있는 것이다. 늦가을 지나가는 까치를 위해서라도 한 알의 까치밥을 비축해야 했던 것이다.

이제 백 시인은 7순을 지나서 모든 면에서 완숙한 노익장의 면모를 과시하고 있다. 그리고 다양한 독서와 사유로 인하여 삶을 느긋이 관조하며 민조시를 통하여 세상의 모순을 풍자하며 이 시대를 살아가는 우리들의 갖가지 모습들을 선문선답 식으로 파 헤쳐나가고 있는 것이다.

한 바탕
웃고나면
눈물이 난다,
세상이
내꺼다.

한 바탕
울고나면
웃음이 난다,
세상이
헛거다.

– '내가 사는 법' 전문

이렇게 인생사나 일생사를 웃음과 눈물로 교직하여 제행무상을 이야기하는가 하면,

바람이
불어오면
고개 숙인다,
국민의
종으로.

바람이 지나가면
고개 쳐든다,
국민의
갑으로.

– '눈치 9단' 전문

이와 같이 국가와 민족을 위한 憂國衷情은 간데없고 오로지 黨利黨略과 제 한 몸의 保身榮達을 위해 날뛰는 政治謀利輩들의 二重星을 寸鐵殺人의 비유법으로 辛辣하게 꼬집어서 독자들의 카타르시스를 시원하게 풀어주기도 한다.

시인과 가족들은 天主敎에 다니는 걸로 알고 있는데 그의 작품 중 오랜 思惟의 결과일까 佛敎的 색채가 짙은 작품들이 많다.

가는 길 오는 길은
이승의 문턱,
우리네
손바닥.

사는 길 죽는 길은
저승의 문턱,
부처님
손바닥.

– '사람 팔자' 전문

큰스님/ 죽비 한 방/ 벙그는 연꽃/ 풀은 풀/ 꽃은 꽃.
모른 놈/ 가르쳐도/ 그 말이 그 말/ 밥은 밥/ 똥은 똥.

– '죽비(竹篦)' 전문

소 찾아 깜박 졸다
놀라 깨보니
복사꽃 한 마당.

강물은 꽃을 안고
흘러가는데
휘파람만 분다.

– '봄잠' 전문

이외에도 '흔얼' '업(業 Karma)' '도돌이표' '몽돌밭' '영혼의 무게' '물건리 바다' '조주무자(趙州無字)' '풍령(風鈴)' '참선(參禪)' '두타행(頭陀行)' '멍텅구리' 등의 작품들이 불교적 세계관을 노래하고 있다.

제2부 내리사랑 치사랑

제2부의 시편들은 말 그대로 부모와 자식간의 천륜적인 사랑을 주제

로 하고 있다.

모든 인간은 부모로부터 뼈와 살과 유전인자를 빌어 생명으로 태어나 한생을 살면서 새로운 만남과 이별을 맞이하게 된다. 자식으로 태어나 다시 자식을 낳아 양육하게 된다. 그러나 제새끼 귀한 줄만 알지 제 부모 늙어가고 있다는 사실은 애써 외면하려드는 세태이다. 朱子十悔에 不孝父母死後悔라고 진작에 일렀건만, 孝는 百行之本이라고 배우고 들었건만 뒤늦게 효도코자해도 부모는 기다려주지 않는다고 옛글에서도 일렀다.

에미야
내 걱정은
하지 말거래
암시랑토 않다.

내 새끼
내 부모는
눈빛이 마음,
돌아서면 운다.

– '암시랑토 않다' 전문

세상의 어미들은
간도 쓸개도
빼놓고 다닌다.

가슴에 두었다간
녹아 없어져
제 명도 못 살아.

– '어미로 사는 것' 전문

파름한
자단 향기
옥빛 발소리
버선발
어머니.

가신 곳
어디인지
대답도 없이
떠나는
하현달.

– '제삿날2' 전문

그렇게 비록 돌아서서 혼자 울음 삼키실지라도 자식들만 잘 되기를 바라면서 '내 걱정은 하지말'라며 '암시랑토 않다'던 어머니, 오직 자식을 위해서 '간도 쓸개도 다 빼놓고' 사시던 어머니, 그 어머니가 이제는 '파름한 자단향내'따라 '하현달'로 떠가시다니. 돌아'가시는 곳 어디인지' 말씀도 없이.

여기에서도 '아내' '마음속 부모' '연인이란' '사랑꽃' '늙은이 한 해' '주름살' '곰에서 쫑(犬)으로' 등은 가작으로 들 수 있겠다.

제3부 곶 됴코 여름 하ᄂᆞ니

3부의 38편은 주로 자연과 순환하는 계절의 섭리속에서 인간도 그 자연의 일부라는 인식에 기초하여 씌여진 작품들로 구성되어 있다.

바람에
몸 맡길 때
갈대가 곱다,
일렁이는 물결.

사랑에
빠졌을 때
여인이 곱다,
출렁대는 숨결.

– '갈대와 여인' 전문

사슴뿔
돋는 날은
꽃도 아픈지,
몸살나는
개꽃.

봄바람
간지럼에
정신줄 놓아
풀어헤친
참꽃.

– '진달래꽃' 전문

구름도 산자락도
얼굴 붉어져
숨는 곳
노을 속.

꼬리 긴
산 그림자
길게 늘이고
가는 곳
어둠 속.

– '노을이 지면' 전문

이외에도 '이른 봄' '생각하는 꽃' '계절의 시점' '9월 호수' '가을 문턱' '남해의 저녁' '바람손길' '자드락 숲길' 등으로 풀과 나무, 꽃과 바람, 물과 계절을 노래하며 'Couplet' 곧 closed couplet의 閉鎖 聯句, 對句 민조시의 전형을 보여주고 있다.

제4부 내히 이러 바ᄅᆞ래 가ᄂᆞ니

4부에서는 광대무변한 우주, 쉼없이 여류하는 빛그늘속에서 비록 유한한 찰라의 삶을 살아가더라도 눈감으면 아련히 떠오르는 고향이라는 공간의 기억과 그 속에서 함께 부대끼던 추억을 反芻하고 있다. 거기에는 아직도 옥같이 맑은 개울물이 흐르고 송사리가 뛰어 놀고 엄마의 빨랫방망이 소리도 차랑차랑 들려오고 있다. '묵은 골목'에는 '알싸한 사람 냄새'가 나고 '금음마을'엔 '뜸 소문 주렁주렁 열매로 익어'가고 있는 것이다.

멍멍멍
닭 쫓던 개
혼자 궁시렁,
내려 와
내려 와.

꼬끼오
지붕에서
약을 올린다,
올라 와
올라 와.

– '멍멍이와 꼬끼오' 전문

시인의 마음속엔 아직도 이러한 우화가 살아 숨쉬고 있지만 이제 고향은 마음속의 고향으로 흘러가고 있을 뿐이다. '보릿고개'도 '보리밭길'도 '옛날만 같지 않'고 '사진이 되어가는 빛바랜 옛집'엔 '개똥쑥 한 마당'만 지키고 있을 뿐이러니 어찌 인간사 무상타 하지 않을 수 있으리오.

시집의 말미에는 백 시인의 '태극기와 민조시'라는 시론이 실려 있다. 이 시론은 그 근본을 太極 八卦와 민조시와 3符經(天符經, 地符經, 人符經)의 數理學에서 기인하고 있다. 정독을 해 보면 민조시를 이해하는데 큰 도움이 될 것이다. 백상봉 민조시인은 그 출발은 좀 늦었지만 그 인생의 경륜과 삶의 지혜를 모아 더 좋은 작품으로 민조시 정착 발전에 큰 일익을 담당할 수 있기를 기대하며 활시(弓詩) 한편 지어 이글을 마무리 한다.

小人輩 활을 쏠 때
術 먼저 찾아 맞추려 들지만.
大人은 활을 쏠 때
道 먼저 찾아 貫中을 꾀하네.

丙申 端午節 天河愛 舍廊에서

백상봉 第2民調詩集
마음은 콩밭(Couplet minjosi)

초판 1쇄 _ 2016년 6월 15일
초판 발행 _ 2016년 6월 21일

지은이 _ 백상봉
펴낸이 _ 양상구
펴낸곳 _ 도서출판 채운재
주 소 _ 100-861 서울시 중구 충무로2가 49-8(서울빌딩 202호)
전 화 _ 02-704-3301
팩 스 _ 02-2268-3910
손전화 _ 010-5466-3911
이메일 _ ysg8527@naver.com

ISBN 978-89-93829-09-9
값 15,000원